Eugen Rombach

Strohschmuck
selbst gebastelt

Sterne, Figuren und andere Dekorationen

FALKEN VERLAG

Inhalt

CIP-Kurztitelaufnahme
der Deutschen Bibliothek

Rombach, Eugen:
Strohschmuck selbstgebastelt : Sterne,
Figuren u.a. Dekorationen /
von Eugen Rombach. –
Niedernhausen/Ts. : Falken-Verlag, 1985.
  (Falken-Bücherei)
  ISBN 3-8068-0740-X

ISBN 3 8068 0740 X
© 1985 by Falken-Verlag GmbH,
6272 Niedernhausen/Ts.
Titelbild: Studio Burock, Wiesbaden-Naurod
Fotos: Eugen Rombach
Illustrationen: Eugen Rombach
Satz: Main-Taunus-Satz,
6236 Eschborn/Ts.
Druck: Offset-Team Zumbrink KG,
Bad Salzuflen   817 2635 445362

Das Material

Getreide, Zweige und Blumen, wie sie für die Arbeiten in diesem Buch verwendet werden, können Sie problemlos selbst sammeln und trocknen. Zum Trocknen wird das Sammelgut für einige Tage in einem gut belüfteten Raum mit den Blüten nach unten aufgehängt.

Sie können diese Materialien aber auch in den meisten Bastelgeschäften und in Gärtnereien kaufen. Für die Sterne wurden ausschließlich gebleichte Strohhalme verwendet, die Sie in jedem Bastelgeschäft finden. Diese Halme sind weicher als ungebleichte und lassen sich deshalb besser bearbeiten. Auch die mitverarbeiteten Rauchähren – diese Getreideart wird in Deutschland nur wenig angebaut – sind in fast allen Bastelgeschäften und Gärtnereien erhältlich.

Für das Anfertigen von Sternen mit einer großen Halmzahl sind Stecknadeln vorteilhaft, die etwas länger sind als die üblichen. Man bekommt sie beim Polsterer.

Desweiteren benötigen Sie Zwirn, Alleskleber und ein spitzes Messer. Die spezifischen Materialien werden bei den entsprechenden Objekten benannt.

Grundsätzliches

Wählen Sie das erforderliche Material aus, bevor Sie mit dem Nacharbeiten eines Bastelvorschlages beginnen. Ein Stern aus dikken Halmen sieht zum Beispiel ganz anders aus als ein Stern, der nur aus dünnen Halmen besteht.

Das Anfertigen eines Grundsterns fällt leichter, wenn nur gleich starke Halme verwendet werden.

Die hier beschriebenen Abeiten können auch von einem wenig geübten Bastler nachgearbeitet werden. Den »Neulingen«, die sich zum ersten Mal mit diesem Material beschäftigen, wird jedoch empfohlen, sich nicht sofort an die schwierigen Objekte zu wagen, sondern das Buch Seite für Seite durchzuarbeiten.

Angaben zur Größe der einzelner. Bastelprodukte sollen lediglich Ihrer bildlichen Vorstellung dienen. Falls beim Nacharbeiten dieser Modelle dickere oder dünnere Halme verwendet werden, können die tatsächlichen Maße von den hier genannten abweichen.

Das Bearbeiten der Halme

Da Stroh von Natur aus ein sehr harter und spröder Werkstoff ist, müssen die Halme zuerst weich gemacht werden. Legen Sie dazu die Halme einige Minuten in heißes Wasser. Unterschiedliche Sterne können Sie gestalten, wenn Sie einen Teil der Halme bügeln. Hierzu werden die Halme ein paar Minuten in heißem Wasser eingeweicht und anschließend mit dem Bügeleisen auf einem Stapel Zeitungspapier glatt gebügelt. Durch längeres Bügeln bräunen sich die Halme.

Sollen die Halme doppelt so breit werden, schlitzt man sie längsseitig mit einem spitzen Messer auf – Vorsicht, daß die gegenüberliegende Halmwand nicht verletzt wird – und bügelt sie ebenfalls auf beiden Seiten glatt. Damit Sterne aus aufgeschlitztem Stroh zwei gleich schöne Seiten haben, klebt man jeweils zwei Halme mit ihren linken Seiten zusammen. Dadurch werden die Halme auch etwas stabiler.

Wollen Sie beispielsweise Kugeln oder andere geschwungene Formen fertigen, lassen sich die aufgeschlitzten und gebügelten Halme leichter formen, wenn Sie ihre Innenseite ein paar Mal behutsam über die Schneide einer Schere ziehen.

Kleine Geschenke aus gebügelten Halmen

Die Bildseite eines üblichen Werbekalenders, Papprollen und kleine Schachteln lassen sich mit Stroh schnell und dekorativ verzieren. Die aufgeschlitzten und unterschiedlich gebräunten Halme werden mit einer spitzen, scharfen Schere auf die benötigte Länge geschnitten und auf die zuvor angefertigte oder ausgesuchte Unterlage geklebt.

Der **Streichholzspender** aus 2 Streichholzschachteln, die aufeinandergeklebt werden. Der Innenraum der oberen Schachtel wird etwa 1 cm mit dem Endstück der Innenschachtel aufgefüllt, damit die Streichhölzer aus der Schachtel herausschauen und so besser greifbar sind.

Die **Zettelbox** und die einzelnen Säulen für den **Schreibtischordner** fertigt man zuerst aus Karton. Wenn alle Säulen mit unterschiedlich gebräunten Strohstreifen verziert sind, werden sie auf der Unterseite mit Klebstoff bestrichen und auf einen stärkeren Karton gestellt. Erst nach dem Trocknen der Klebestellen schneidet man den überstehenden Karton rundherum mit einer spitzen Schere ab.

Kugel mit Gesteck

Zuerst werden einige gut eingeweichte Bastelhalme längs aufgeschlitzt und gebügelt. Aus diesen Halmen schneiden Sie nun 8 Streifen, etwa 5 mm breit und 22 cm lang, die mit einem schnellklebenden Alleskleber zu 8 Ringen gearbeitet werden. Die gebügelten Strohstreifen lassen sich leichter zu Ringen formen, wenn Sie sie mit ihrer Innenseite leicht über die Schneide der Schere ziehen. Diese Ringe werden nun zu einer Kugel ineinander geschoben und miteinander verklebt.

Im nächsten Arbeitsgang kleben Sie weitere 4 Ringe aus 10 cm langen Strohstreifen auf die obere Hälfte der Kugel. Darauf befestigen Sie einen etwas kleineren Strohring, an dem die Kugel mit einem dünnen Faden auf-

gehängt wird. Um diesen Ring läßt sich leicht etwas Knety drücken in das Sie getrocknete Gräser und Blumen dekorativ einstecken.

Anfertigen eines Grundsternes

Zur Anfertigung eines Sterns benötigt man eine gerade Anzahl Strohhalme, zum Beispiel 6, 8 oder 10. Sterne mit einer ungeraden Anzahl Halme sind nicht möglich.

Genau durch die Mitte der Halme sticht man eine Stecknadel und befestigt diese dann auf einer Korkunterlage oder ähnlichem.

Als nächstes dreht man den zweitobersten Halm in gleichem Abstand neben den untersten.

Nun dreht man den obersten Halm um etwa 160 Grad je nach Gesamthalmzahl im Uhrzeigersinn.

Danach den zweituntersten neben den zweitobersten Halm. Beim Wegdrehen der Halme ist darauf zu achten, daß dies immer in der gleichen Richtung geschieht. Auf diese Weise arbeitet man weiter, bis alle aufgespießten Halme sternförmig auseinander liegen.

Schaut man dann von oben auf den angehenden Stern, so muß rundherum, abwechselnd ein Halm hoch, der danabenliegende Halm etwas tiefer sein.

Anschließend wird der unterste Halm neben den obersten gedreht (hier etwa 135 Grad vom Ausgangspunkt).

Die Halme werden nun vorsichtig, ohne sie zu verschieben, zusammengedrückt und mit einem starken Faden oder Zwirn umwoben.

Man beginnt hiermit, indem man den Faden über den obersten Halm legt und anschließend unter dem daneben, etwas tiefer liegenden Halm durchzieht. Danach wird der Faden wieder über den daneben, etwas höher liegenden Halm gelegt. So arbeitet man weiter, bis der ganze Stern umwoben ist und sich die beiden Fadenenden über dem obersten Halm treffen.

Jetzt wird der Faden angezogen und doppelt verknotet. Danach kann die Stecknadel herausgezogen werden.

Sterne mit einer doppelten Anzahl von Halmen erhält man, indem man 2 Sterne mit gleicher Halmzahl aufeinanderlegt und diese zusammenwebt. Dabei ist darauf zu achten, daß der Faden abwechselnd über einen Halm des oberen Sterns nach unten und unter einen Halm des unteren Sterns nach oben geführt wird.

Diese Technik läßt sich besonders gut üben, indem man einen Stern aus gebügeltem und einen Stern aus Naturstroh miteinander verarbeitet.

Dieser Stern besteht aus 10 ungebügelten und 10 gebügelten und gebräunten Halmen.

Spitzen der Halme zuschneiden

Erst wenn ein Stern fertig gebunden ist, werden die Halme gekürzt und zurechtgeschnitten. Ungebügeltes Stroh muß allerdings noch feucht sein. Sterne, bei denen nur ungebügeltes Stroh verwendet wurde, kann man auch nochmals in die Badewanne legen und mit heißem Wasser abduschen.

Mit einer spitzen Schere lassen sich nun die unterschiedlichsten Muster in die Halmspitzen schneiden (Zeichnung 1).

Wenn Sie ungebügelte Halmspitzen mit der Hand etwas flach drücken, sind die Muster 1b bis 1e leichter zuzuschneiden. Die Muster 1f bis 1j eignen sich nur für gebügelte Halme.

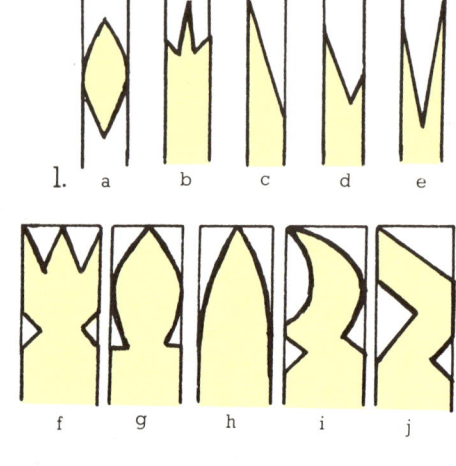

Fächer anbinden und umschlingen

Wollen Sie einen Fächer mit beispielsweise 5 Halmen an einen Halm anbinden, werden zuerst 3 Halme etwa 1 cm vor dem Halmende auf eine Nadel gesteckt. Diese Nadel mit den 3 Halmen wird dann durch den Halm gesteckt, an dem der Fächer angebunden werden soll. Jetzt steckt man die restlichen 2 Halme auf diese Nadel (Zeichnung 2).

Anschließend werden die Halme quer über der Nadel abgebunden. Hierbei ist besonders wichtig, starken Zwirn oder Faden zu nehmen, da so fest angezogen werden muß, daß sich die Halme auseinanderspreizen. Der Faden läßt sich besser binden, wenn er zuvor angefeuchtet wird.

Größere Fächer müssen meist nach dem Trocknen der Halme nachgebunden werden, da sich der Faden durch das Trocknen der Halme etwas lockert.

Die Halme des angebundenen Fächers werden mit einem dünnen oder halbierten Strohhalm (Zeichnung 4) oben umschlungen. Die Enden verknotet man oder bindet sie mit einem Faden zusammen.

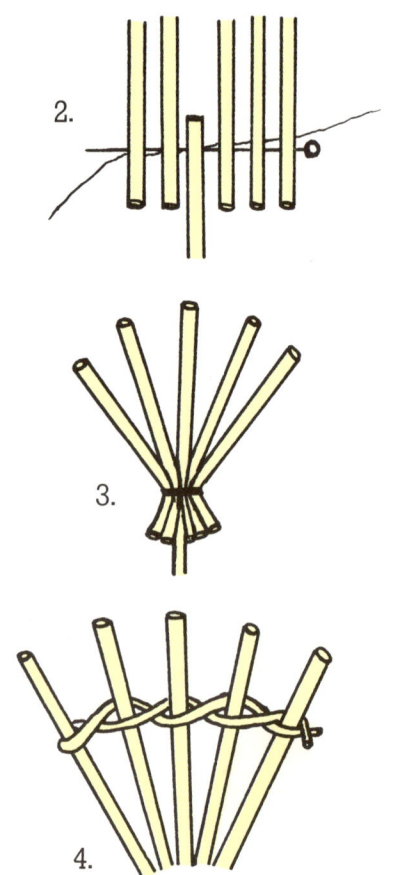

Sterne für den Weihnachtsbaum

Für den 1. Stern werden zuerst 6 besonders dicke Halme längs aufgeschlitzt und gebügelt. Jeweils 2 dieser Halme klebt man nun mit ihren linken Seiten zusammen. Diese 3 Halme werden mit 3 ungebügelten dünnen Halmen zu einem 6halmigen Stern gebunden.

Jetzt wird ein weiterer Stern aus 6 Halmen angefertigt, dieser auf die andere, dunkle Sternseite gelegt und dann werden beide Sterne miteinander verwoben.

Den Stern wieder wenden und noch einen Stern aus 12 Halmen aufweben. Die inneren Fäden können anschließend herausgeschnitten werden. Im letzten Arbeitsgang erfolgt das Beschneiden der Spitzen nach Mustervorschlag 1b, 1d und 1h.

Der 2. Stern wird zuerst aus 2 Sternen mit je 4 gebügelten Halmen gefertigt. Beim Zusammenbinden dieser beiden Sterne legt man einen kleinen 4halmigen Stern mit ausgefransten Enden dazwischen, dieser bleibt beim Umweben unberücksichtigt. Anschließend wird ein Stern aus 8 ungebügelten Halmen hineingefügt. In einem weiteren Arbeitsang werden mit Hilfe einer Nadel an jeden ungebügelten Halm 2 kleine Halme als Fächer angebunden. Zum Schluß schneidet man die Spitzen zu.

Für den 3. Stern fertigen Sie zuerst 4 Sterne aus je 8 Halmen. Weben Sie dann jeweils 2 und danach diese zu einem 32halmigen Stern zusammen. An jedem achten Halm werden nun 6 Halme als Fächer angebunden. Die kleinen Sterne bindet man zwischen den Fächern an gekürzte Halme. Wie dies gemacht wird, ist aus der Zeichnung ersichtlich.

Der 4. Stern besteht aus 1 Stern mit 12 dünnen, ungebügelten und 1 Stern mit 6 aufgeschlitzten und gebräunten Halmen. Wenn Sie diese beiden Sterne aufeinander legen, werden die Stellen deutlich, an denen Sie jeweils 2 nebeneinanderliegende Halme des ungebügelten Sterns zusammenbinden müssen. Die Bindestellen sind in der Zeichnung mit Punkten gekennzeichnet.

Über diese Abbindestellen verläuft auch der Webfaden, wenn Sie diese beiden Sterne anschließend zusammenbinden. Danach werden die gebügelten Halme strahlenförmig zugeschnitten. Die zusammengebundenen Halme teilt man jetzt wieder auf und bindet sie über den gebräunten Halmen als Strahl zusammen.

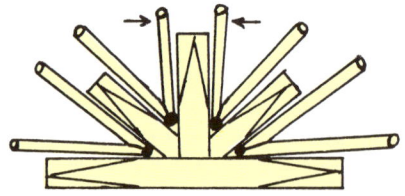

Der 5. Stern besteht aus 2 Grundsternen mit je 10 Halmen. Diese beiden Sterne werden aufeinander gelegt und zusammengewoben. Danach bündelt man jeweils 4 nebeneinanderliegende Halme. Binden Sie jetzt je 2 Halme in unterschiedlichen Längen zu Strahlen zusammen. Zuerst werden die äußeren Halme der einzelnen Bündel mit den äußeren der übernächsten zu den kleinen Strahlen gebunden; dann das gleiche auf der Rückseite. Danach die großen Strahlen aus den innenliegenden Halmen binden.

Der 6. Stern besteht aus 20 Halmen, die wie beim vorigen Stern in Vierergruppen gebündelt werden. Dann teilt man jeweils 3 Halme ab und bündelt sie zu Strahlen. Nun werden die übrig gebliebenen Halme zusammengebunden und jeweils ein Fächer aus 6 Halmen eingefügt.

Für den 7. Stern werden zuerst 2 Grundsterne aus je 8 Halmen zu einem Stern zusammengewoben; danach wiederum 4 nebeneinanderliegende Halme gebündelt. Die 2 äußeren Halme dieser Bündel bindet man mit 2 weiteren kleinen Halmen zu einem Stern zusammen, wie es die Zeichnung zeigt. Die beiden innenliegenden Halme werden darüber zu Strahlen gebunden.

Der 8. Stern besteht aus dem gleichen Grundmodell, wie der 7. Stern, wird jedoch aus 20 Halmen angefertigt. Die Sternchen werden dieses Mal an die mittleren Halme der einzelnen Halmbündel gebunden. Mit Hilfe einer Nadel wird 1 Halm auf diese beiden Halme gelegt, weitere 3 Halme legt man von unten in die Zwischenräume.

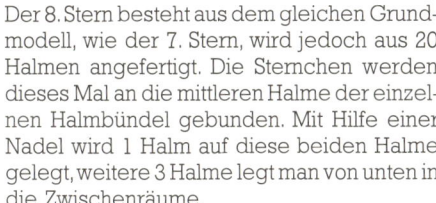

Der 9. Stern besteht aus dem gleichen Grundmodell, wie der 8. Stern. Wiederum werden 4 Halme gebündelt. Jeweils die 2 am nächsten liegenden Halme dieser Bündel bindet man zu einem Strahl zusammen. Danach fügt man Ähren in die Zwischenräume und befestigt sie auf den inneren Abbindestellen. Im letzten Arbeitsgang werden 5mal 5 Halme zusammengebunden (siehe Zeichnung). Die Enden dieser Halmbündel steckt man gekreuzt durch die inneren Strahlen des Sterns.

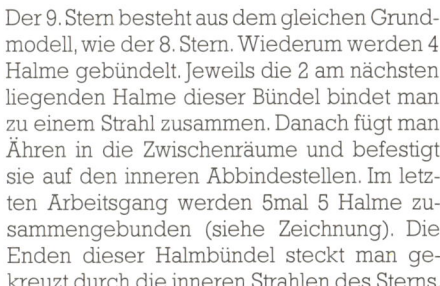

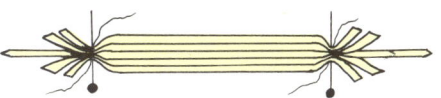

Länge entspricht etwa den äußeren Strahlen

Kleiner Ährenstern

Dieser Ährenstern hat einen Durchmesser von 24 cm. Zuerst wird hierfür ein Grundstern aus 2 mal 8 Halmen gebunden. Etwa 1 cm nach dem äußeren Abbindefaden werden 4 nebeneinanderliegende Halme gebündelt. Wie die Zeichnung zeigt, teilt man nun die Halmbündel in der Mitte und bindet je 2 Halme mit den 2 äußeren Halmen des daneben liegenden Bündels etwa 1,8 cm nach dem Abbindefaden zusammen; zuvor jedoch werden zwischen diese Halme weitere 5 Halme als Fächer eingefügt. Diese Abbindestelle besteht also aus 9 Halmen. Die 4 Halme (die 2 inneren etwas einkürzen) werden nun zu Strahlen gebunden. In diese Innenräume der Strahlen binden Sie nun jeweils 3 Ähren, und zwar so, daß von der einen Seite 2 und von der anderen Seite 1 Ähre zu sehen ist.

Durch die sich gegenüberliegenden Hohlräume unterhalb der Fächer werden nun 4 Halmbündel mit je 5 Halmen gesteckt, wie es beim vorherigen Stern schon beschrieben wurde.

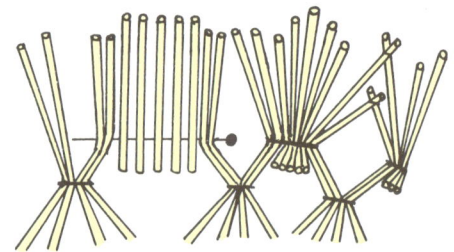

Großer Ährenstern

Dieser Stern hat einen Durchmesser von 42 cm. Wenn Sie die einzelnen Abbindestellen etwas nach außen verlegen, können Sie diesen Stern aber auch bis zu einer Größe von 56 cm Durchmesser arbeiten.

Fertigen Sie für diesen Stern zuerst einen Stern aus 40 Halmen an, indem Sie 2 Sterne mit je 20 Halmen zusammenweben. An diesem Stern wird jeder achte Halm etwa 4 cm außerhalb des äußeren Abbindefadens abgeschnitten und jeweils 1 Ähre, eingesteckt. Mit Hilfe einer Nadel binden Sie dann links und rechts von jeder Ähre 3 Halme an. Jeweils 2 dieser angebundenen Halme werden im nächsten Arbeitsgang, nach 6, 9 und 14 cm, zu Strahlen gebunden.

Die kleinen Sterne steckt man erst zum Schluß, wenn der Stern zugeschnitten ist, in die entsprechenden Halme.

Fächerstern

Um diesen Stern anzufertigen, binden Sie zuerst 4 Sterne aus jeweils 18 Halmen. Diese 4 Sterne werden zu 2 Sternen mit jeweils 36 Halmen zusammengewoben.

Nun schneiden Sie an beiden Sternen die oben liegenden Halme auf einer Seite etwa 1,5 cm außerhalb des äußeren Abbindefadens ab und strahlenförmig nach Mustervorlage 1a zu.

Diese beiden Sterne werden nun zu einem Stern zusammengewoben, und zwar so, daß die abgeschnittenen Halme als Strahlen nach außen liegen. Die abgeschnittenen Halme werden beim umweben nicht mehr berücksichtigt.

Im nächsten Arbeitsgang bündeln Sie 4 nebeneinanderliegende, nicht abgeschnittene Halme etwa 1,5 cm außerhalb des Abbindefadens. Diese Halmbündel werden wieder aufgeteilt und nach etwa 2 cm mit den 2 Halmen des danebenliegenden Bündels zusammengebunden. Zwischen diese 4 Halme fügt man abwechselnd 7 Halme als Fächer und 2mal 4 Halme für die Strahlen. Das Zuschneiden des Sterns und das Binden der Strahlen ist aus dem Foto ersichtlich.

Ährenrad

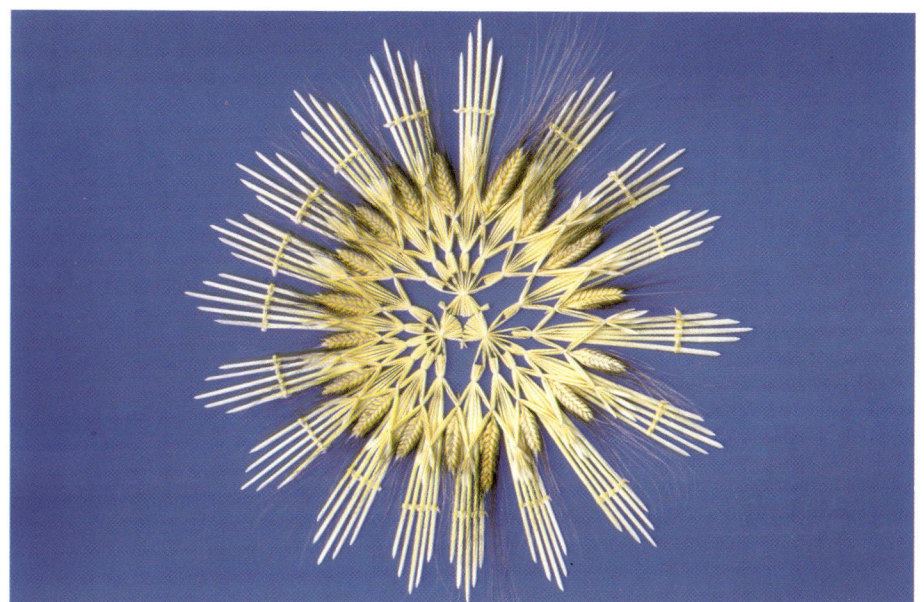

Dieses Ährenrad hat einen Durchmesser von 50 cm. Es wird aus 3 Fächern mit je 12 Halmen angefertigt. Die beiden äußeren Halme dieser Fächer läßt man etwas länger, wie es aus Zeichnung 1 ersichtlich ist.

Etwa 4 cm nach dem Abbindefaden a werden weitere 7 Halme zwischen 2 Halme der einzelnen Fächer gebunden (b). Erst jetzt verbindet man die 3 Fächer (Zeichnung 2) an den Punkten c.

Als nächstes binden Sie die äußersten Halme der Abbindestelle b mit den äußeren Halmen der danebenliegenden Abbindestelle zusammen (Punkt d). Diese 4 Halme werden wieder aufgeteilt, wie es aus Zeichnung 2 ersichtlich ist, und nach 4,5 cm abermals zusammengebunden (Punkt e).

Jetzt umschlingt man die einzelnen Fächer. Die Ähren werden erst zum Schluß, wenn die Halme trocken sind, in die Abbindestelle d gesteckt.

Beim Nacharbeiten dieses Sterns ist es besonders wichtig, genau zu arbeiten, damit er später gleichmäßig aussieht.

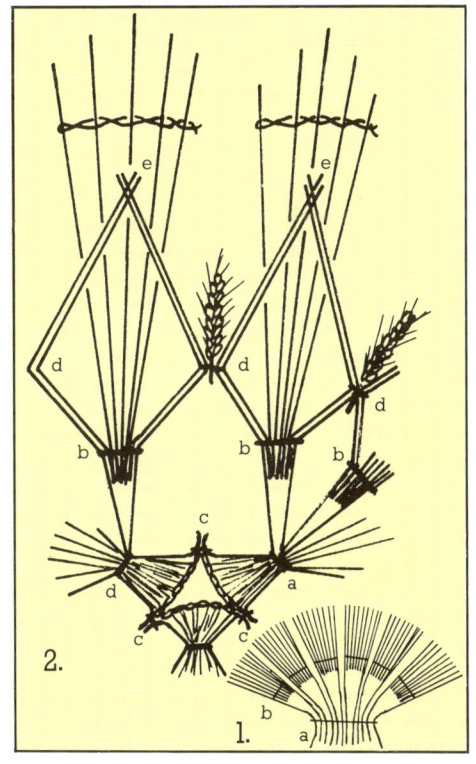

Kränze und Hufeisen

Strohkränze können Sie selbst in jeder gewünschten Größe anfertigen. Hierzu brauchen Sie ein Stück altes Kabel, das sich nicht allzuleicht verformt. Dieses Kabel binden Sie zu einem Ring, der um einige Zentimeter kleiner sein muß als der spätere Kranz. Um diesen Ring wickeln Sie nun Strohhalme aus Naturstroh oder getrocknete Gräser. Die Ähren werden zuvor mit einem etwa 4 cm langen Stiel abgeschnitten. Das um den Ring gelegte Stroh wird gleichmäßig mit Zwirn oder dünner Schnur umwickelt, bis der Kranz die gewünschte Stärke erreicht hat. Dicke Kränze binden Sie am einfachsten in mehreren Lagen.

Um einen Adventskranz anzufertigen, brauchen Sie diesen Kranz nur noch mit einer Schleife, Kerzen und je nach Geschmack mit Sternen, Trockenfrüchten und Zapfen zu verzieren, die angedrahtet in das Stroh gesteckt werden.

Auch der Roggenkranz und das Hufeisen werden zuerst aus einem Stück Kabel gebogen und mit Stroh umwickelt. Die Ähren schneidet man mit einem 4 cm langen Stiel ab und bindet sie in kleinen Büscheln schuppenartig mit starker Schnur auf den Kranz. Das Foto zeigt, wie die Aufhängebänder an der Rückseite des Kranzes festgesteckt werden.

Beim Hufeisen beginnt man mit dem Umwickeln an den beiden Enden. Der Treffpunkt in der oberen Mitte wird durch einige Trockenoder Seidenblumen verdeckt, die zwischen die Ähren gesteckt und eventuell mit einem Alleskleber befestigt werden. Die Schleife zum Aufhängen des Hufeisens und der Kränze wird auf der Rückseite mit Nadeln befestigt.

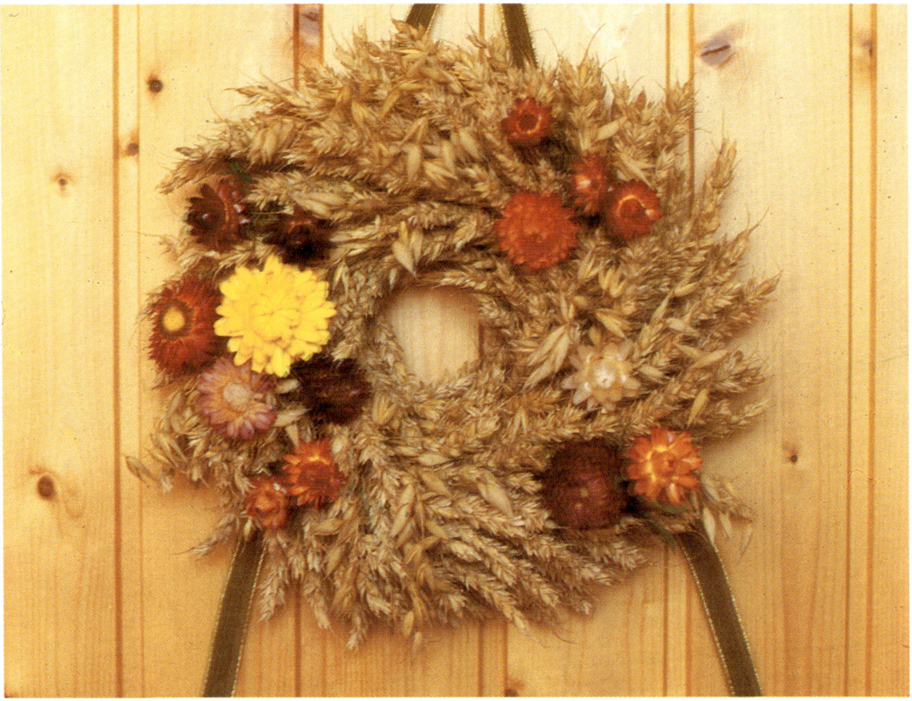

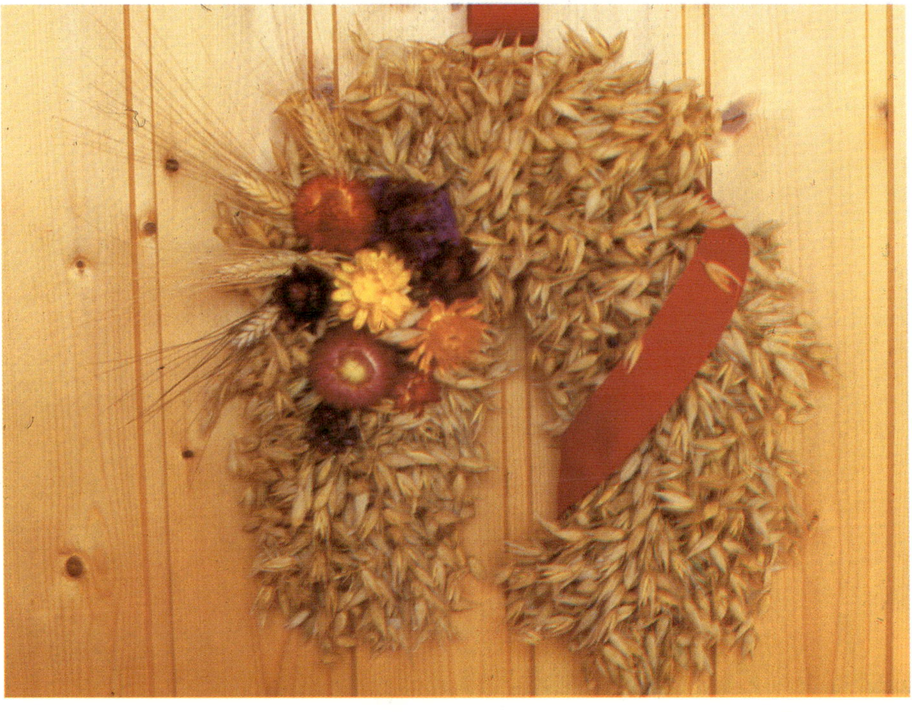

Blumenkörbchen

Für das Blumenkörbchen fertigen Sie zuerst einen mehrere Meter langen Zopf aus 3 gut eingeweichten Halmen an (Zeichnung a). Diese 3 Halme müssen immer wieder verlängert werden, indem auf den zuendegehenden Halm ein neuer Halm gelegt und einige Flechtrunden mitgenommen wird. Eventuell herausstehende Enden werden später abgeschnitten.

Mit dem Zusammennähen des Körbchens beginnen Sie beim Korbboden, wie es die Zeichnung b zeigt. Hat der Korbboden einen Durchmesser von etwa 4 cm, wird der Zopf nicht mehr flach, sondern hochkant verarbeitet, so daß sich langsam ein Körbchen formt (Zeichnung c). Strohzopf und Körbchen müssen immer wieder in heißes Wasser getaucht werden, damit das Stroh weich und geschmeidig bleibt.

Hat das Körbchen die gewünschte Höhe, wird das Zopfende im Innenteil festgenäht. Das abgebildete Körbchen hat eine Höhe von etwa 5,5 cm.

Der Henkel besteht aus 3 miteinander verdrehten Halmen und wird ebenfalls in der Innenseite des Körbchens festgenäht.

Zum Schluß wird das Körbchen mit Schaumsteckmasse, die es in jeder Gärtnerei zu kaufen gibt, ausgefüllt und mit Seidenblumen und Gräsern besteckt.

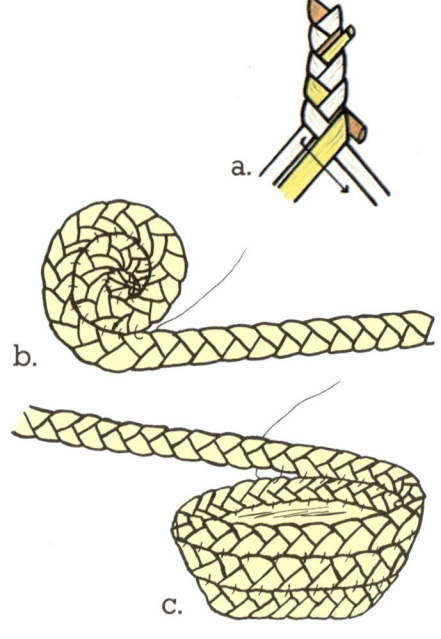

a.

b.

c.

Spankörbchen

Für das Spankörbchen schneiden Sie zuerst aus einem Stück Karton ein 19 x 12 cm großes Stück aus und übertragen die Maße aus der nebenstehenden Zeichnung. Die dunklen Stellen werden herausgeschnitten. An den gestrichelten Linien wird der Karton nach oben geknickt.

Nachdem die Seitenteile miteinander verklebt sind, wird das Körbchen mit aufgeschlitzten leicht gebräunten Halmen webartig überklebt.

Der Griff besteht aus einem 12 cm langen aufgeschlitzten Strohhalm und wird im inneren Seitenteil festgeklebt.

Das Körbchen wird zuerst mit Watte ausgefüllt, auf der dann die Styroporfrüchte (in Dekorationsgeschäften erhältlich) und Gräser festgeklebt werden.

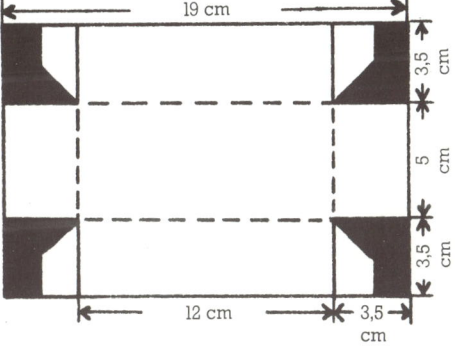

Adventsgesteck

Strohsterne müssen nicht unbedingt am Christbaum hängen. Sie eignen sich auch als Unterlage für ein Gesteck.

Dieses Adventsgesteck besteht aus einem Strohstern mit 32 Halmen. Die Kerze ist auf einer Nadel befestigt, die von unten durch den Stern gesteckt wird. Den unteren Teil der Kerze taucht man zuvor kurz in heißes Wasser, damit sie nicht so leicht ausbricht. Die getrockneten Zweige und Gräser werden einfach in die Sternenmitte gesteckt. Man kann aber auch etwas Knety als Steckmasse ringförmig um die Kerze drücken. Die Zapfen müssen zuvor angedrahtet werden.

Strohherz

Für das Herz werden 30 gut eingeweichte Strohhalme aus Naturstroh am oberen Ende zusammengebunden. Dann teilt man die Halme in je 15 Halme auf und flicht daraus 2 Zöpfe von je 30 cm Länge. Die beiden Zöpfe werden nun herzförmig nach unten gebogen und in der Spitze zusammengebunden. In diese Bindestelle kann man nun rundherum Seidenblumen und Gräser stecken. Die Kordel zum Aufhängen des Herzens wird zwischen den beiden Zöpfen durch die obere Bindestelle gezogen und verknotet, damit die Kordel nicht wieder herausrutschen kann.

Auf gleiche Weise können auch einseitig geschmückte Herzen hergestellt werden, die als Wandschmuck sehr dekorativ sind.

Ährenherz

Dieses Wandgesteck besteht aus 32 Bastelhalmen. Es wird aus 2 Halmbündeln mit jeweils 16 Halmen angefertigt. Hierfür steckt man genau durch die Mitte von 16 Halmen eine Nadel. Wie beim Fächerabbinden werden die Halme nun quer über der Nadel mit Zwirn so stark abgebunden, daß sich die Halme auseinanderspreizen. Die beiden Halmbündel werden nun auf eine Nadel gesteckt und zusammengebunden. Der Abbindefaden muß dabei so stark angezogen werden, daß sich die Halme rundherum auseinanderspreizen. Über diese Abbindestelle wird nochmals ein längshalbierter Strohhalm gebunden, der den Zwirn verdecken soll. Nun werden die Halme herzförmig zugeschnitten. Die Ähren klebt man in die Halmenden. Je nach Dicke der Ähren muß zwischendurch auch einmal ein Halmende freibleiben, damit die Fruchtstände nicht übereinander rutschen.

Ährenzopf als Wandgesteck

Für das Wandgesteck wählt man zuerst 12 Ähren mit einer großen Länge zwischen der Ähre und dem ersten Halmknoten. Der Schnittpunkt liegt oberhalb dieses Knotens (in der Zeichnung Punkt a). Nun wird die äußere Hülle der Halme abgestreift und die Halme werden in heißem Wasser eingeweicht, damit sie sich gut verarbeiten lassen.

Man bindet nun 3 mal je 4 Ähren unterhalb der Fruchtstände so zusammen, daß die Stiele parallel nebeneinander liegen; dazu drückt man während des Abbindevorgangs mit dem Zeigefinger auf die Abbindestelle. Im nächsten Arbeitsgang werden 2 dieser Bündel nebeneinander und 1 Bündel daraufgelegt, dann bindet man alle zusammen (Punkt c).

Nun wird ein Zopf mit einer Länge von etwa 13 cm geflochten. Hierbei ist darauf zu ach-
ten, daß die Halme während des Flechtvorgangs nicht verrutschen und stets parallel nebeneinander liegen. Hat der Zopf die gewünschte Länge erreicht, wird das gesamte Halmbündel abgebunden (Punkt d).

Auf jeder Seite des Zopfes werden jetzt 6 Halme nach unten gebogen und über dem Abbindefaden c festgebunden.

Mit einer Nadel wird danach ein weiterer Faden durch die Abbindestelle d gezogen. Mit diesem Faden bindet man 3 zuvor schon zusammengebundene Ähren hinter das obere Zopfende. Eine weitere Abbindung an der Abbindestelle c gibt diesen Halmen einen zusätzlichen Halt. Die beiden Ähren über der Abbindestelle c sowie die Strohblumen und Statizenzweige werden erst, wenn die Halme trocken sind, mit einem Alleskleber aufgeklebt.

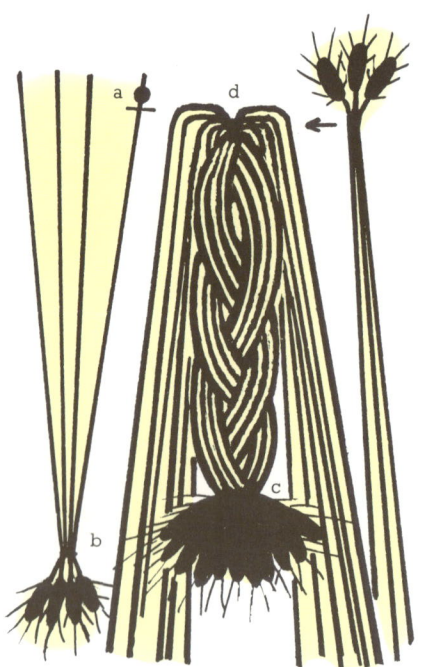

Strohfiguren

Blumenmädchen und Gärtner

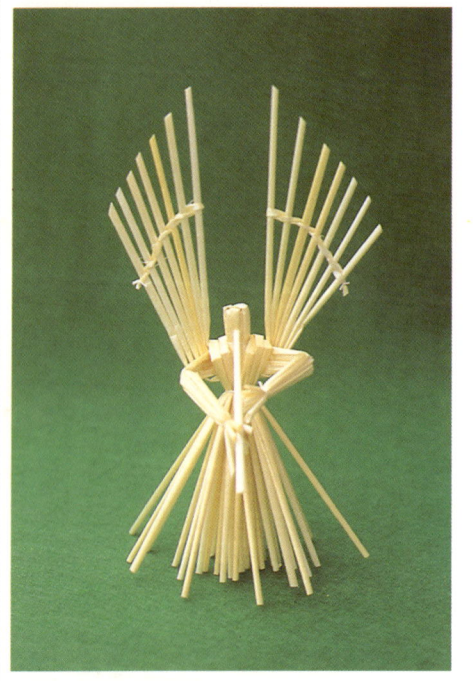

Engel

Hexe

Hexenmobile

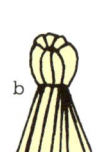
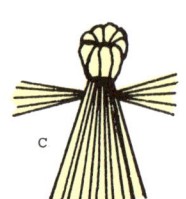
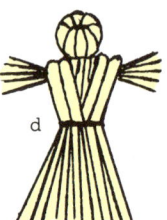

Zwölf gut eingeweichte Halme mittlerer Stärke werden in der Halmmitte mit einem starken Zwirn zusammengebunden. Die Halme der einen Seite biegt man rundherum nach unten, wie es in der Zeichnung a dargestellt ist, und bindet sie als Hals fest ab (Zeichnung b).

Für die Arme wird zuerst durch einen Halm ein dünner Draht gesteckt, damit sich die Arme später besser zurechtbiegen lassen. Diesen Halm bindet man mit 5 weiteren Halmen in der Halmmitte zusammen und schiebt das Bündel unterhalb des Halses in die Figur (Zeichnung c).

Im nächsten Arbeitsgang legen Sie weitere 4 Halme über jede Schulter und binden die Figur in Taillenhöhe (Zeichnung d).

Bei einer weiblichen Figur werden die äußeren Halme zu einem Röckchen gekürzt. Die 12 inneren Halme bleiben lang; sie werden zu Beinen weiterverarbeitet. Schieben Sie durch jedes Bein einen dünnen Draht und umwickeln Sie die Halme am Fußgelenk mit Zwirn.

Bei einer männlichen Figur werden die äußeren Halme unterhalb der Taille abgeschnitten, um die Jacke herauszuarbeiten. Die übrigen Halme teilt man für 2 gleich starke Beine auf. Durch je einen mittleren Halm der Beine wird ein dünner Draht gesteckt. Dann bindet man die Hosenbeine ab. Unterhalb dieser Bindestellen werden jetzt die äußeren Halme gekürzt. Die 6 inneren Halme bleiben unbeschnitten.

Aus den längeren Halmen werden die Füße geformt, indem man sie am Fußgelenk zusammenbindet, nach vorne biegt und an den Zehenspitzen nochmals abbindet. Die Arme werden zum Schluß proportional zum Körper eingekürzt und am Handgelenk abgebunden und am Ellenbogen eingeknickt.

Da das Röckchen der Hexen recht kurz geschnitten wird, erhalten diese eine zusätzliche Abbindestelle an den Knien.

Zum Schluß erfolgt das Ausschmücken und die Charakterisierung der Figuren.

Eine Zopffrisur wird aus 3 dünnen Halmen geflochten und dem Mädchen auf den Kopf geklebt.

Für den Hut, sowie für die Gießkanne und das Körbchen schlitzen Sie zuerst einige besonders dicke Halme längs auf und bügeln diese beidseitig glatt. Aus diesen Strohstreifen werden die einzelnen Teile ausgeschnitten und zusammengeklebt.

Für den Besen der Hexe stecken Sie durch einen Halm (Besenstiel) einen dünnen Draht. Mehrere dünne Halme werden danach rundherum gebunden. Das Kopftuch schneiden Sie aus dünnem Filz zurecht und binden es der Figur auf den Kopf.

Mehrere Hexen lassen sich als Mobile aufhängen. Hierfür wird am Hals der Figuren ein dünner Nylonfaden festgebunden, und die Hexen werden an den Stegen ausbalanciert. Als Stege verwendet man etwas dickere Strohhalme in unterschiedlicher Länge.

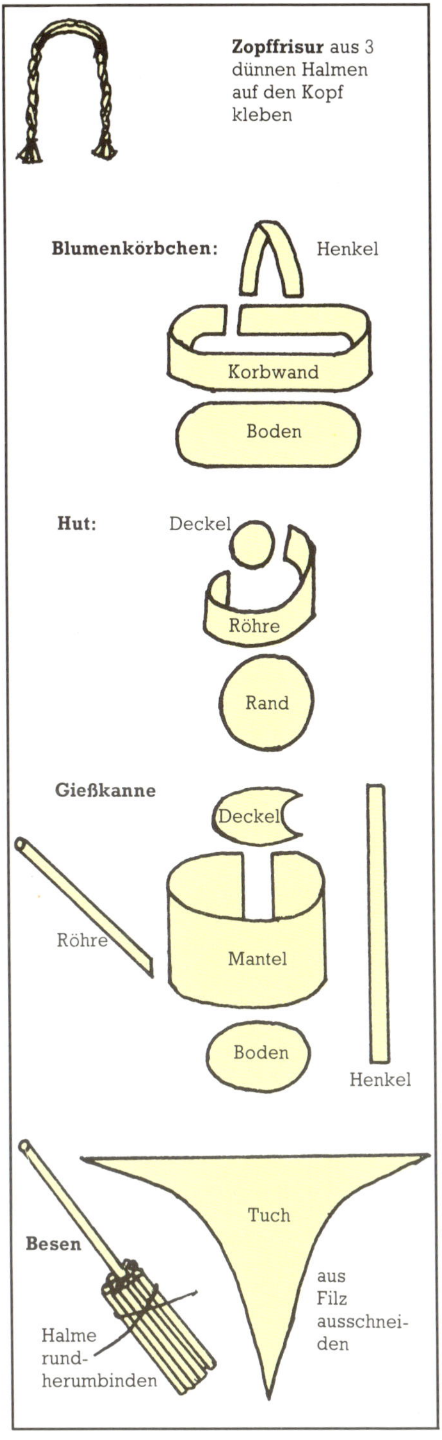

Zopffrisur aus 3 dünnen Halmen auf den Kopf kleben

Blumenkörbchen:

Henkel

Korbwand

Boden

Hut:

Deckel

Röhre

Rand

Gießkanne

Deckel

Röhre

Mantel

Boden

Henkel

Tuch

aus Filz ausschneiden

Besen

Halme rundherumbinden

Auch der Engel wird zuerst wie die Grundfigur gefertigt. Für die Flügel werden jedoch 7 Halme mit der Halmmitte auf eine Nadel gesteckt und quer über der Nadel zusammengebunden. Dieses Halmbündel wird mit den Armen in die Figur eingefügt. Die Technik ist in der Abbildung mit verschiedenfarbigen Halmen dargestellt.

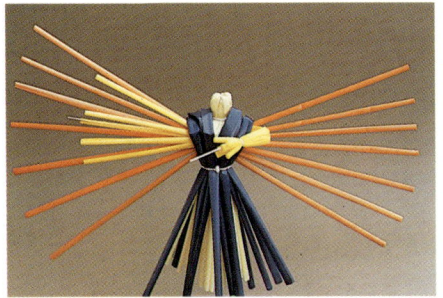

Die Taille bindet man beim Engel besonders stark ab, damit sich die Halme zum langen Rock auseinanderspreizen. Die Beine werden nicht ausgebunden.

Nachdem die Arme ausgebunden sind, werden die Halme der Flügel nach oben gebogen und mit Stecknadeln fixiert (siehe Abbildung). Zum Schluß umschlingen Sie die Halme der Flügel mit einem längs halbierten Strohhalm. Wenn die Halme trocken sind, werden die Stecknadeln entfernt.

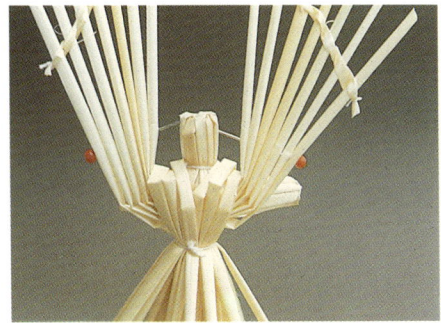

Körbchen als Tisch- und Wanddekoration

Sieben gut eingeweichte Bastelhalme bindet man am oberen Ende zusammen (Zeichnung 1). Diese Halme werden nun sternförmig auseinander gelegt, das abgebundene Halmende liegt nach oben (Zeichnung 2). Mit dem Flechten beginnt man, indem Halm 1 über Halm 2, anschließend Halm 2 über Halm 3 und danach Halm 3 über Halm 4 gelegt wird. Auf diese Art arbeitet man weiter, bis die Halme zu Ende gehen. Der zuletzt geflochtene Halm wird mit der Knickstelle der vorherigen Flechtrunde festgebunden. Zum Schluß näht man ein Zöpfchen aus 3 Halmen als Henkel in der Innenseite des Körbchens fest. Die Trokkenblumen werden mit einem Alleskleber in das Körbchen geklebt.

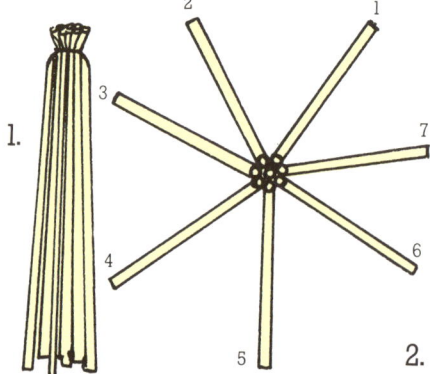

Wie der **Viererzopf** für den Körbchenstrang geflochten wird, ist aus dem Arbeitsfoto ersichtlich.

Soll der Zopf länger werden als die Halme sind, wird jeweils ein neuer Halm auf den Flechthalm gelegt und 2 Flechtgänge mit dem alten Halm mitgenommen, damit er später nicht herausrutschen kann. Eventuell herausstehende Enden werden später abgeschnitten.

Der abgebildete Zopf hat eine Länge von 35 cm. Die Körbchen sind mit naturfarbenem Bast auf den Zopf genäht.

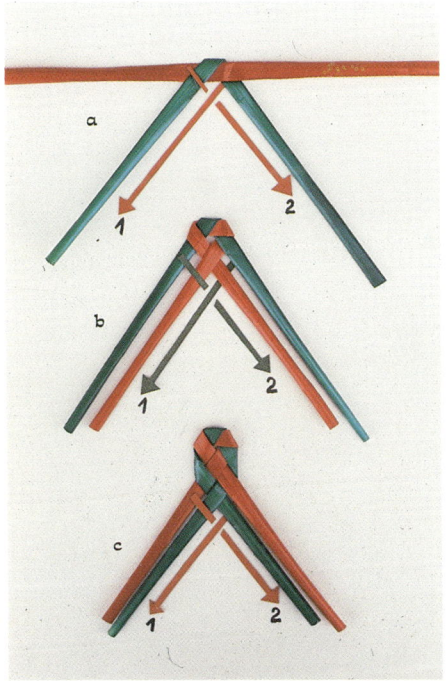

Originelle Strohgehänge

Der Ring, in dem das Gesteck angeordnet ist, besteht aus einem 22 cm langen Viererzopf. Zu Beginn werden jedoch 4 Bastelhalme zusammengebunden (siehe Zeichnung).

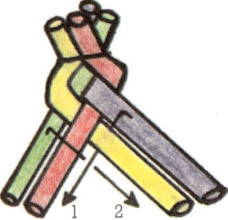

Ist der Zopf zu einem Ring zusammengebunden, wird auf der Innenseite der Abbindestelle etwas Steckknet befestigt, in den man die getrockneten Gräser und Blumen leicht einstecken kann.

Die Glocke wurde ebenfalls an einen 9 cm langen Viererzopf (Abb. Seite 29), der aus 2 Bastelhalmen gefertigt wurde, gebunden. Am oberen Ende der Glocke ist etwas Steckknet befestigt, in den die verschiedenen Trockenblumen und Gräser gesteckt werden.

Strohglocken

Strohglöckchen werden am besten mit den Stielen von Rauchähren angefertigt, da diese eine verhältnismäßig große Länge zwischen der Ähre und dem ersten Halmknoten haben. Die Flechttechnik ist ähnlich wie beim Körbchen.

An 7 gleich dicken Halmen werden die Ähren mit einem etwa 2 cm langen Stiel abgeschnitten, damit sie später für andere Arbeiten, beispielsweise für Sterne wieder verwendet werden können. Anschließend schneidet man die Halme oberhalb des ersten Knotens (Zeichnung A) ab, damit die äußere Hülle der Halme abgezogen werden kann.

Die Halme werden nun wie beim Körbchenflechten etwa 1 cm nach dem dünnen Halmende zusammengebunden und strahlenförmig auseinandergelegt. Die erste Flechtrunde ist die gleiche wie beim Körbchen. Halm 1 wird über Halm 2 gelegt, anschließend Halm 2 über Halm 3, Halm 3 über Halm 4 usw.

Nach dieser Flechtrunde wird Halm 1 wiederum abgeknickt, jetzt aber parallel neben Halm 2 gelegt. Anschließend wird Halm 2 nach außen gebogen, wie es in Zeichnung B in Rot dargestellt ist, und über Halm 1 neben Halm 3 gelegt. Auf diese Weise wird nun weitergeflochten, bis die Glocke die gewünschte Größe erreicht hat.

Je schneller sich die Glocke nach unten öffnen soll, desto weiter muß der Flechthalm a nach außen verlegt werden. Soll die erreichte Glockenöffnung für eine oder für mehrere Flechtrunden beibehalten werden, legt man die Knickstellen auf die vorherige Flechtrunde, in unsere Zeichnung auf Punkt b.

Hat die Glocke die gewünschte Größe erreicht, oder die Halme gehen zu Ende, steckt man das Halmende einfach unter den Halm der vorherigen Flechtrunde. Zusätzlich können die Halme noch festgebunden werden.

Als Aufhänger der Glocke werden nochmals 2 abgeknickte Halme in die obere Abbindestelle gesteckt. Als Glockenklöppel werden 3 kleine Ähren zusammengebunden und mit Hilfe einer Nadel im Innern der Glocke befestigt.

Beim Anfertigen der Glocke ist es besonders wichtig, gute Halme zu verwenden. Diese dürfen nur an den entsprechenden Stellen geknickt werden, da die Glocke sonst in sich zusammenfällt.

A.

B.

Die Flechttechnik für die große Glocke ist die gleiche. Hierfür werden jedoch 8 gut eingeweichte Halme verwendet, die etwa 12 cm nach dem dünnen Halmende zusammengebunden werden. Während des Flechtvorgangs zeigt diese Seite der Halme nach unten, da die Halme erst, nachdem die Glocke fertig ist, zu einem Dreierzopf geflochten und als Aufhänger nach unten gebunden werden.

Außerdem müssen die Halme verlängert werden. Dies geschieht, indem jeweils ein weiterer Halm mit der dünnen Seite in das dickere Halmende gesteckt wird (Zeichnung 1), oder man fertigt eine Hülse aus einem dik-keren Strohhalm an, in die beide Halmenden gesteckt werden. (Zeichnung 2). Anschließend wird in gewohnter Weise weitergeflochten.

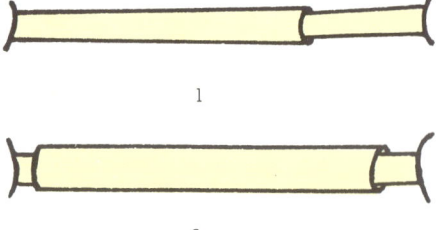

1

2